ROSSINI: LA CENERENTOLA

(La Cenicienta)
Opera en Dos Actos

Traducción al Español y Comentarios
por E. Enrique Prado

Libreto Italiano Escrito
por Jacopo Ferreti

Jugum Press

ISBN-13: 978-1-939423-74-0
ISBN-10: 1-939423-74-0

Foto de Giacchino Antonio Rossini (1792–1868) por fotógrafo anónimo
de Wikimedia Commons – en.wikipedia.org
(en el dominio público en los Estados Unidos y otros países)

Impreso en los Estados Unidos de América
Publicado por Jugum Press
www.jugumpress.com

Edición y diseño:
Annie Pearson, Jugum Press
Consultas y correspondencia:
jugumpress@outlook.com

Índice

Prefacio ༀ La Cenerentola

La Cenerentola (*La Cenicienta, Cinderella o La Virtud Triunfan*) fue escrita por Giacchino Rossini sobre el libreto de Jacopo Ferreti, quién se inspiró en un cuento de hadas escrito por Charles Perrault, sin embargo, Ferreti no incluyó los elementos mágicos y de fantasía del original, aduciendo que el público no aceptaría tales hechos en un escenario de ópera.

El libreto fue escrito en 22 días y Rossini con gran prisa escribió la música en tres semanas y tres días. El estreno de la obra fue en el Teatro Valle de Roma el 25 de enero de 1817.

La premier ante el público romano, no fue un gran éxito, posiblemente debido a que los cantantes no tuvieron actuaciones adecuadas. Sin embargo la segunda función fue recibida con mucho mayor entusiasmo.

La Cenerentola es una comedia doméstica, de amor verdadero, con un príncipe disfrazado de criado y exenta de magia; se complace en la descripción del quisquilloso padrastro y las grotescas hermanastras, que entonan dúos agresivos, en canciones entonadas por el padre oportunista y el astuto criado; en melodías burbujean tés que conforman una arenga a la italiana en el convencional primer acto.

La Cenerentola fue la última de las óperas bufas de Rossini, no fue su última comedia, pero señaló la culminación de su estilo cómico pleno de inocente picardía.

Traducción y comentarios por:
E. Enrique Prado Alcalá
Tepoztlán
Agosto de 1998

∞

Sinopsis ∞ La Cenerentola

Acto Primero

La casa de Don Magnífico, Barón de Monte Fiascone.

En ella viven: Angelina a quién llaman La Cenerentola, es hijastra del Barón y Clorinda y Tisbe que son las hijas del noble caballero.

La Cenerentola es tratada como sirviente y es humillada por todos, ella fue quién brindó hospitalidad a un pordiosero que en realidad era un filósofo de nombre Alidoro, que fungía como consejero del Príncipe Ramiro.

Un grupo de nobles anuncian que el Príncipe dará un gran baile durante el cual él va a escoger a su futura esposa, entre las damas casaderas asistentes.

El Príncipe, que ha intercambiado ropas con Dandini su criado llega a la casa del Barón para escoltar a las horribles hermanas al palacio. El descubre la presencia de La Cenerentola y queda instantáneamente enamorado de ella, pero el Barón le informa que solo se trata de una sirvienta. Ella se queda sola mientras los demás se van al baile en palacio.

Cuando el baile está en su apogeo, llega una hermosa dama que llama poderosamente la atención, se trata de La Cenerentola; mientras tanto, sus hermanastras, se encuentran muy ocupadas tratando de llamar la atención de Dandini, pensando que él es el Príncipe.

Acto Segundo

La Cenerentola se rehúsa a los avances de Dandini, disfrazado como el Príncipe y confiesa su amor por su criado, el real príncipe. Ella le entrega un brazalete que hace par con otro que ella conserva para que así el Príncipe pueda identificarla.

El Príncipe queda encantado1mientras tanto el real Dandini ha confesado a Don Magnífico que él no es el Príncipe y el Barón regresa a su casa muy decepcionado acompañado por Tisbe y Clorinda; cuando llegan encuentran a La Cenerentola en su atuendo habitual y haciendo sus labores domésticas, reconocen que existe mucho parecido entre ella y la dama desconocida que conocieron en la fiesta del Príncipe.

Se desata una tormenta y llegan Ramiro y Dandini a la casa del Barón; el Príncipe reconoce un brazalete que lleva la sirvienta y en ella reconoce a Cenerentola y le pide que sea su esposa.

En la sala del trono del palacio del Príncipe, éste y Cenerentola reciben las congratulaciones de la nobleza entre quienes están el Barón y sus hijas. Ella las perdona y así finaliza la historia.

FIN

Reparto ℘ La Cenerentola

DON RAMIRO – Príncipe de Salerno, Tenor
DANDINI – Caballerango del Príncipe, Barítono
DON MAGNIFICO – Barón de Monte Fiascone; Padre de Clorinda y Tisbe, Bajo
CLORINDA y TISBE – Hermanastras de Angelina, Soprano
ANGELINA – La Cenerentola, hijastra de Don Magnifico, Mezzo-Soprano
ALIDORO – Filósofo, maestro del Príncipe, Bajo
Coro de cortesanos del príncipe.

Libreto & La Cenerentola

Acto Primero

ESCENA I.

Una habitación en la vieja mansión del Barón.
A la derecha una chimeneas, una pequeña mesa con un espejo, una canasta con flores, algunas sillas.
Clorinda ensayando un paso de danza, Tisbe colocándose una flor en su cabeza
y otra en su coraje mientras la Cenerentola está encendiendo el fuego para preparar café.
Llega Alidoro disfrazado de mendigo y luego llega Ramiro, el Príncipe.

CLORINDA
No, no, no, non v'è, non v'è
chi trinchiar sappia cosí
leggerissimo sciassé.

TISBE
Si, si, si, va bene li,
meglio li, no meglio qui;
risaltar di più mi fa.

CLORINDA, TISBE
A quest'arte, a tal beltà
sdrucciolare ognun dovrà.

CENERENTOLA
Una volta c'era un Re,
che a star solo s'annoiò:
cerca, cerca, ritrovò!
Ma il volean sposare in tre.

Cosa fa? Sprezza il fasto e la beltà
e alla fin sceglie per sé
l'innocenza e la Con la bontà.

1. No, no, no, no hay nadie
    que pueda bailar
    así de ligero.

2. Si, si, si aquí me queda bien
    mejor aquí, no mejor aquí
    se me ve mejor.

3. Ante tal arte y tal belleza
    alguna habrá de sucumbir.

    (Centeno para is miasma.)
4. ¡Había una vez un rey,
    que se aburría de estar solo:
    buscó y buscó hasta que encontró!
    Pero él quería casarse con las tres.

    ¿Qué fue lo que hizo?
    Desprecia la pompa y la belleza y al final
    escogió para si la inocencia y la bondad.

CLORINDA, TISBE
Cenerentola, finiscila,
solita canzone.

CENERENTOLA
Presso al fuoco in un cantone,
via lasciatemi cantar.
Una volta c'era un Re;
Una volta...

CLORINDA
E due, e tre...

CLORINDA, TISBE
La finisce, sì o no?
Se non taci ti darò.

CENERENTOLA
Una volta...

Llama a la porta, Cenerentola abre.

LAS TRES
Chi sarà?

ALIDORO
Un tantin di carità.

CLORINDA, TISBE
Accattoni! Via di qua!

CENERENTOLA
Zitto, zitto, su prendete.

Le sirve una taza de café y se la da subrepticiamente junto con una porción de pan.

Questo po' di colazione
Fate presto per pietà.
Ah, non reggo alla passione
che crudel fatalità!

ALIDORO
Forse il cielo il guiderdone
pria di notte vi darà.

5.   Cenerentola, ya basta,
     con esa vieja canción.

6.   Vamos, déjenme cantar,
     cerca del fuego.
     Había una vez un rey;
     Había una vez...

7.   Y dos y tres veces...

8.   ¿Te callarás, o no?
     Si no te callas te daré.

9.   Había una vez...

10. ¿Quién será?

     (Disfrazado de mendigo.)
11. Un poco de caridad.

12. ¡Mendigos! ¡Largo de aquí!

13. Calla, calla, toma.

Toma ésta colación.
Rápido por favor.
¡No puedo tolerar tu pobreza
qué cruel suerte!

14. Quizás el cielo te recompense
     antes de que caiga la noche.

CLORINDA, TISBE
Risvegliar dolce passione
più di me nessuna sa.

CLORINDA
Ma che vedo! Ancora li!

TISBE
Anche un pane? Anche il caffè?

CLORINDA, TISBE
Prendi, prendi, questo a te!

CENERENTOLA
Ah! Soccorso chi mi dà?

ALIDORO
Vi fermate, per pietà.

Entra un grupo de caballeros.

CORO
O figlie amabili, di Don Magnifico,
Ramiro il principe, or or verrá
Al suo palagio vi condurrà
si canterà, si danzerà;
poi la bellísima fra l'altre femmine
sposa carissima, per luí sarà.

CLORINDA
Ma dunque il príncipe?

CORO
Or, or verrà.

CLORINDA, TISBE
E la bellísima?

CORO
Si sceglierà.

15. Nadie sabe como yo
despertar dulces pasiones.

(*Al ver an Alidoro.*
16. ¿Pero qué veo? ¿Aun está aquí?

17. ¿También café? ¿Y pan?

(*A Cenerentola*)
18. ¡Toma esto y esto!

19. ¡Ah! ¿Quién me socorre?

(*A Clorinda y Tisbe*)
20. Deténganse por favor.

21. Bellas hijas, de Don Magnífico,
el Príncipe Ramiro vendrá hoy
y las escoltará a su palacio
se cantará, se danzará;
después la mas bella de las asistentes
se convertirá en su querida esposa.

22. ¿Entonces el Príncipe?

23. Hoy vendrá.

24. ¿Y la más bella?

25. Será la escogida.

CLORINDA, TISBE
Cenerentola, vien qua.
Le mie scarpe, il mio bonné
Cenerentola vien qua;
le mie penne, il mio collié.

Nel cervello ho una fucina
son più bella, e vo'trionfar,
a un sorriso, a un'occhiatina,
Don Ramiro ha da cascar.

CENERENTOLA
Cenerentola vien qua,
Cenerentola va là,
Cenerentola va sù,
Cenerentola va giù...
Questo è proprio uno strapazzo!
Mi volete far crepar?
chi alla festa, chi al solazzo;
ed io resto qui a soffiar.

ALIDORO
Nel cervello una fucina
sta le pazze a martellar
ma già pronta è la ruina
voglio ridere e schiattar.

CORO
Già nel capo una fucina
sta le donne a martellar
il cimento ci avvicina
il gran punto di trionfar.

TISBE
Cenerentola, presto
prepara i nastri, i manti.

CLORINDA
Gli unguenti, le pomate.

TISBE
I miei diamanti.

26. Cenerentola, ven aquí.
Mis zapatos, mi bonete
Cenerentola, ven aquí
mis plumas, mi collar.

Mi cerebro está ardiendo
soy muy bella y voy a triunfar,
ante mi sonrisa y mi tierna mirada,
Don Ramiro ha de caer.

27. Cenerentola ven aquí,
Cenerentola ve allá,
Cenerentola sube,
Cenerentola baja...
¡Esto es una esclavitud!
¿Me quieren hacer morir?
Ustedes a la fiesta y al solaz;
y yo me quedo aquí a sollozar.

28. En su cabeza éstas damas
tienen una fragua para martillear
pero ya cercana está su ruina
quiero reír hasta estallar.

29. Ya en la cabeza de esas damas
está una fragua para martillar
la prueba ya se acerca
al momento del triunfo.

30. Rápido Cenerentola, prepara
los listones y las capas.

31. Los ungüentos, la pomada.

32. Mis diamantes.

CENERENTOLA
Uditemi, sorelle...

CLORINDA
Che sorelle?
Non profanarci con si fatto nome.

TISBE
E guai per te se t'uscirà di bocea!

CENERENTOLA
Sempre nuove pazzie soffrir mi tocca.

TISBE
No v'è da perder tempo.

CLORINDA
Nostro padre
avvisarne convien.

33.	Escúchenme, hermanas...

	(Con soberbia.)
34.	¿Cómo que hermanas?
	No nos profanes llamándonos así.

	(Amenazándola)
35.	¡Pobre de ti si abres la boca!

36.	Siempre me toca sufrir su capricho.

37.	No hay tiempo qué perder.

38.	La avisaremos
	a nuestro padre.

Ella se disputa la entrada a la habitación de su padre.

TISBE
Esser la prima
voglio a darne tal nuova.

CLORINDA
Ah, mi perdoni!
Io sono la maggiore.

TISBE
No, no gliel vo'dir io.

CLORINDA
È questo il dover mio.
Io svegliare, lo vuo' venite appresso.

TISBE
Ah! Non la vincerai.

CLORINDA
Ecco egli stesso.

39.	Quiero ser la primera
	en darle la noticia.

40.	¡Perdóname!
	Pero yo soy la mayor.

	(Furiosa)
41.	No, no yo quiero decírselo.

42.	Es mi deber.
	Yo quiero despertarlo sígueme.

43.	¡Ah! No me ganarás.

44.	Aquí viene él.

ESCENA II.

Don Magnifico, sus hijas y Cenerentola.

MAGNIFICO

(Entra enojado, con gorro y bata para dormir.)

Miei rampolli femminini.

45. Mis descendientes femeninas.

Negándose an aceptar de sus hijas un beso en la mano.

Vi ripudio; mi vergogno!	¡Qué lata dan, me avergüenzan!
Un magnifico mio sogno	Me han interrumpido
mi viniste a sconcertar.	un magnifico sueño.
Come son mortifícate!	¡Cómo estoy mortificado!
Degne figlie d'un barone!	¡Dignas hijas de un barón!
Via, silenzio ed attenzione.	Vamos, silencio y pongan atención
State il sogno a meditar.	pienso en mi sueño.
Mi sognai fra il fosco e il chiaro	¡Soñaba entre sombras y luces
un bellísimo somaro,	a un bellísimo asno,
un somaro ma solenne.	un asno muy solemne.
Quando a un tratto,	Cuando de repente,
oh che portento,	oh qué portento,
su le spalle a cento a cento	sobre su espalda cientos
gli spuntavano le penne,	de plumas le salieron,
ed in aria sciù, volò!	y por el aire voló!
Ed in cima a un campanile	Y en lo alto de un campanario
come in trono si fermò,	como en un trono se detuvo.
Si sentiano per di sotto	Desde abajo escuchamos
le campane sdindonar,	el sonar de las campanas,
Col cì cì ciù di botto	Con su chst, chst
mi faceste risvegliar.	me vinieron a despertar.
Ma d'un sogno si intralciato	Pero existe interpretación
ecco il símbolo spiegato.	para los símbolos de mi sueño.
La campana suona a festa?	¡Suena a fiesta la campana?
Allegrezza in casa è questa.	Alegría en mi casa.
Quelle penne? Siete voi;	¿Esas plumas? ¡Son ustedes;
quel gran volo?	y el gran vuelo?
Plebe addio.	Adiós a la plebe.
Resta l'asino di poi,	Ahi queda el asno,
ma quell'asino son io.	pero ese asno soy yo.
Chi vi guarda vede chiaro	Quién las mire verá claro
che il somare è il genitor.	que el asno es el padre.

MAGNIFICO (*continuato*)
Fertilissima Regina
l'una e l'altra diverrà;
Ed il nonno una dozzina
di nepoti abbraccierà.
Un Re piccolo di qua
servo, servo, un Re bambolo di là;
E la gloria mia sarà.

CLORINDA
Sappiate che fra poco...

TISBE
Il príncipe Ramiro...

CLORINDA
Che son tre di
che nella deliziosa...

TISBE
Vicino mezzo miglio
venuto è ad abitar...

CLORINDA
Sceglie una sposa...

TISBE
Ci mandò ad invitar...

CLORINDA
E fra momenti...

TISBE
Arriverà per prenderci...

CLORINDA
E la scelta la più bella sarà.

MAGNIFICO
Figlie, che dite!
Quel principon!
Quantunque io nol conosca...
Sceglierà! ... V'invitò... Sposa...
... Più bella!

Reinas fertilísimas
una y otra serán.
Y el abuelo abrazará
a una docena de nietos.
Un pequeño rey aquí, un humilde
servidor y otro pequeño rey
allá y mi gloria así serán.

46. Debes saber que dentro de poco...

47. El Príncipe Ramiro...

48. Hace tres días
que a su casa de campo...

49. A media milla de aquí ha
venido a ocupar...

50. Escogerá a su esposa...

51. Y nos ha mandado una invitación...

52. Y en cualquier momento...

53. Llegará para llevarnos...

54. Y escogerá a la más bella.

(*Sorprendido y dándose gran importancia.*)
55. ¿Hijas, que están diciendo?
¡El gran Príncipe!
Que aunque no lo conozco...
¡Escogerá!... Las invitó... Esposa...
... ¡La más bella!

MAGNIFICO (*continuato*)

Io cado in svenimento...	Yo caigo desmayado...
Cenerentola, presto,	Cenerentola, rápido,
portami il mio caffè.	tráeme mi café.

Cenerentola sirve una taza de café y la lleva a la habitación de Don Magnifico.

Viscere míe.	Frutos de mis entrañas.
Metá del mio palazzo è già crollata,	La mitad de mi palacio está en ruinas,
e l'altra è in agonia. Fatevi onore	y la otra está en agonía. Hagámosle los
mettiamoci un puntello.	honores pongamos un sostén.
Figlie, state in cervello	Hijas usen su cerebro
parlate in punto e virgola,	cuidado con lo que digan,
per carità, pensate ad abbigliarvi,	por caridad, vístanse correctamente,
si tratta niente men	se trata nada menos
che imprinciparvi.	que de convertirse en princesas.

El barón regresa a su habitación y las hijas a las de ellas.

ESCENA III.

Don Ramiro, disfrazado como su criado, entra lentamente y mira alrededor.

RAMIRO

Tutto è deserto. Amici?	56.	Todo está desierto. ¿Amigos?
Nessun risponde. In questa		Nadie responde. Con éste disfraz
simulata sembianza le belle osserverò.		observaré a las bellas.
Nè viene alcuno?...		¿No viene nadie?...
Eppur mi die speranza		El sabio Alidoro me dio
il sapiente Alidoro esperanza		de que aquí encontraría
che qui, saggia e vezzosa,		una buena y hermosa
degna di me trovar saprò la sposa.		esposa digna de mí.
Sposarsi, e non amar! Legge tiranna,		¡Casarse pero no amar!
che nel fior de'miei giorni		¡Ley tirana que en la flor de mis
alla difficil scelta mi condanna!		días me condena a una difícil elección!
Cerchiam, vediamo.		Busquemos, veamos.

ESCENA IV.

La Cenerentola entra con una taza y un plato en su mano mientras murmulla una canción.

CENERENTOLA

Una volta c'era...	57.	Había una vez...

De pronto se encuentra con Ramiro y deja caer todo.

Ah, è fatta!	¡Ah, ya sucedió!

RAMIRO
Che cos'è?

CENERENTOLA
Che batticuore!

RAMIRO
Forse un mostro son io!

CENERENTOLA
Si... no, signore.

RAMIRO
(Un soave non so che
in quegli'occhi scintillò.)

CENERENTOLA
(Io vorrei saper perché
il mio cor mi palpitò.)

RAMIRO
Le direi, ma non ardisco.

CENERENTOLA
Parlar voglio, e taccio intanto.

LOS DOS
Una grazia, un certo incanto,
par che brilli su quel viso.
Quanto caro è quel sorrisso!
Scende all'alma e fa sperar.

RAMIRO
Del baròn le figlie chiedo.
Dove son?
Qui non le vedo.

CENERENTOLA
Stan di à nell'altre stanze
Or verranno.
(Addio speranze.)

RAMIRO
Ma, di grazia voi chi siete?

58. ¿Qué pasa?

59. ¡Mi corazón late aprisa!

60. ¡Quizás soy un monstruo!

61. Si... no, señor.

62. (Un suave no sé qué
     cintiló en sus ojos.)

63. (Quisiera saber por qué
     palpita así mi corazón.)

64. Se lo diría, pero no me atrevo.

65. Quiero hablar, pero no puedo.

66. Una gracia, un cierto encanto,
     parece que brilla en su rostro.
     ¡Qué tierna sonrisa tiene!
     Toca mi alma y me da esperanza.

67. Busco a las hijas del Barón.
     ¿En dónde están?
     No las veo aquí.

68. Están allá en la otra estancia
     Ahora vienen.
     (Adiós esperanza.)

69. ¿Pero, quién eres tú?

CENERENTOLA
Io chi sono? Eh, non lo so.

RAMIRO
Nol sapete?

CENERENTOLA
Quasi no.
Quel di, è padre, non è padre.

En voz baja le explica su situación familiar.

Onde poi le due sorelle...
Era vedova mia madre...
Ma fu madre anear di quelle.
Questo padre pien d'orgoglio...
(Sta'a vedere che m'imbroglio.)
Deh! scusate, perdonate...
alla mia semplicità.

RAMIRO
Mi seduce, m'innamora
quella sua semplicità.

CLORINDA, TISBE
Cenerentola, da me.

RAMIRO
Questa voci, che cos'è?

CENERENTOLA
A ponente ed a levante
a scirocco e a tramontana
non ho calma un solo istante,
Tutto. tutto tocca a me.

Volteándose hacia una estancia y luego hacia la otra.

Vengo, vengo. Addio, signore.
(Ah, ci lascio questo cor piu
proprio il core mio non è.)

Parte.

70. ¿Quién soy yo? Eh, no lo sé.

71. ¿No lo sabes?

72. Casi no.
Mi padre, no es mi padre.

Entonces mis dos hermanas...
Mi madre era viuda...
Pero también fue madre de ellas...
Mi padre lleno de orgullo...
(Se nota que estoy confundida.)
Excúseme, perdóneme...
por ser tan simple.

73. Me seduce y me enamora
su sencillez.

(Desde su estancia.)
74. Cenerentola, ven a mí.

75. ¿Qué son esas voces?

76. De la noche a la mañana
y de la mañana a la noche
no tengo calma un solo instante,
Todo tengo que hacerlo yo.

Voy, voy. Adiós, señor.
(Ah, aquí dejo mi corazón
éste corazón ya no es mío.)

ESCENA V.

Ramiro solo, luego llega Don Magnifico en traje de gala.

RAMIRO

Non so che dir. Come in si rozze spoglie
Sì bel un volto gentil!
Ma Don Magnifico non comparisce ancor.
Nunziar vorrei
del mascherato príncipe l'arrivo.
Fortunato consiglio!
Da semplice scudiero
il core delle femmine
meglio svelar saprò. Dandini intanto
recitando da príncipe.

MAGNIFICO

Domando un milion di perdoni.
Dica, e sua Alteza il Principe?

RAMIRO

Arriva.

MAGNIFICO

E quando?

RAMIRO

Tra tre minuti!

MAGNIFICO

Tre minuti!
Ah figlie, sbrigatevi; che serve?
Le vado ad affrettar.
Scusi per queste ragazze benedette,
un secolo è un momento alla toelette.

Corre hacia las estancias de las hijas.

RAMIRO

Che buffone! Qual fragor!...
Non m'inganno...
Ecco Dandini.

77. No sé qué decir. ¡Cómo es que una
cara tan bonita use tan feas ropas!
No ha aparecido Don Magnífico.
Quisiera anunciar
el arribo del falso príncipe.
¡Qué excelente consejo!
Como simple escudero
podré conocer mejor el corazón
de las mujeres. Mientras tanto
Dandini la hace de Príncipe.

78. Pido un millón de perdones.
¿Dígame, y Su Alteza el Príncipe?

79. Arriba.

80. ¿Y desde cuándo?

81. ¡Hace tres minutos!

(Excitado)
82. ¡Tres minutos!
¿Ah, hijas dense prisa; que les pasa?
Voy a apresurarlas.
Disculpe con éstas muchachas benditas,
un siglo es como un momento en el tocador.

83. ¡Qué payaso! ¡Qué escándalo!...
No me engaño...
Aquí viene Dandini.

ESCENA VI.

Caballeros, Dandini, Don Magnifico, Clorinda, Tisbe

CORO
Scegli la sposa, affrettati;
s'invola via l'età;
la principesca linea, se no, s'estinguerà.

DANDINI
Come un'ape ne giorni d'aprile
va volando leggiera e scherzosa;
corre al giglio, poi salta alla rosa.
Dolce un fiore a cercare per sé.
Fra le belle m'aggiro e rimiro
Ne ho vedute già tante e poi tante;
ma non trovo un giudizio, un sembiante,
un boccone squisito per me.

CLORINDA
Prence...

TISBE
Sire...

CLORINDA, TISBE
Ma quanti favori!

MAGNIFICO
Che diluvio, che abisso di onori!

DANDINI
Nulla, nulla.
Vezzosa! Graziosa!

Dico bene?
Son tutte papà.

RAMIRO
Bestia! Attento, ti scosta, di qua!

84. Apresúrate a buscar
esposa se te pasa la edad;
Si no, la principesca línea se extinguirá.

85. Como una abeja en un día de abril,
va volando ligera y jugué toná,
llega a la lila, salta a la rosa,
buscando un capullo dulce para sí.
Giro entre las bellas y las miro
He visto entre tantas y tantas;
pero no encuentro ni un rostro
ni un espíritu ni una boca exquisita para mí.

86. Príncipe...

87. Sire...

88. ¡Qué gran honor!

89. ¡Qué diluvio y que mar de honores!

(Mirando a una y luego a la otra.)
90. No es nada.
¡Hermosa! ¡Encantadora!

(A Ramiro)
¿He dicho bien?
Soy todo un papá.

91. ¡Idiota! ¡Aléjate de mí!

DANDINI

Per pietà, quelle ciglia abbassate
galoppando sen va la ragione
E fra i colpi d'un doppio cannone
spalancato e la breccia di già.

Ma al finir della nostra commedia
che tragedia qui nascer dovrà!

CLORINDA, TISBE

Ei mi guarda, sospira, delira
Non v'è dubbio, è mio schiavo di già.

RAMIRO

Ah! Perché qui non viene colei
con quell'aria di grazia e bontà?

MAGNIFICO

E già cotto, stracotto, spolpato
L'Eccellenza si cangia in maestà.

DANDINI

Allegrissimamente, che bei quadri!
Che bocchino, che ciglia!
Siete l'ottava e nona meraviglia.
Già, talis, patris, talem filias.

CLORINDA

Grazie.

MAGNIFICO

Altezze delle Altezze.
Che dice?
Mi confonde, debolezze

DANDINI

Vere figure etrusche.

Dico bene?

RAMIRO

Cominci a dirle grosse.

92.
(A Clorinda y Tisbe que no dejan de mirarlo.)
Por piedad, bajen esa mirada
que hace que pierda la razón
y ante los golpes de una doble
mirada hacen mayor la brecha.

Para sí.

¡Pero al finalizar nuestra comedia,
qué tragedia va a haber aquí!

93.
(Para sí.)
El me mira, suspira, delira
No hay duda, ya es mi esclavo...

94.
(Viendo si Cenerentola regresa.)
¿Porque no viene ella
con su aire de gracia y bondad?

95.
(Para sí.)
Él está ya cocinado, recocido
La excelencia se cambia en majestad.

96.
(Observando al barón y sus hijas.)
¡Delicioso, qué bello cuadro!
¡Qué boquitas, qué ojos!
Son la octava y novena maravillas
del mundo. De tal padre, tales hijas.

97. Gracias.

98. Alteza de las altezas.
¿Qué dice?
Me confunde, me abruma

99. Verdaderas figuras etruscas.

(A Ramiro)
¿Lo dije bien?

100. Comienza a exagerar.

DANDINI
Io recito da grande, e grande essendo,
Grandi le ho da sparar.

MAGNIFICO
Bel principotto!
che non vi fugga attente!

DANDINI
Or dunque, seguitando quel discorso
Che non ho cominciato,
Dai miei lunghi viaggi ritornato,
il mio papà trovato, che fra i quondam
è capitombolato, e spirando ha ordinato,
che a vista qual cambiale io sia sposato,
o son diseredato.
Fatto ho un invito a tutto il vicinato,
e trovando un boccone delicato,
per me l'ho destinato.
Ho detto, ho detto. E adesso prendo fiato.

MAGNIFICO
Che eloquenza norcina!

DANDINI
Belle ragazze,
se vi degnate inciambellate
il braccio ai nostri cavalieri,
il legno è pronto.

CLORINDA
Andiam.

TISBE
Papá. Eccelenza,
non tardate a venir.

Clorinda y Tisbe parten.

MAGNIFICO
Che fai tu qui?
Il cappello e il bastone.

(A Ramiro)
101. La hago de un grande y grande soy,
Les voy a disparar a lo grande.

(A sus hijas)
102. ¡Qué bello príncipe!
¡Que no se les escape; atentas!

103. Entonces, siguiendo el discurso
que no he comenzado,
al regresar de mis largos vi encontré
que mi papá había fallecido
y antes de expirar ordenó
mi casamiento inmediato y de no hacerlo
sea desheredado.
Hago una invitación a todos
en los alrededores y cuando encuentre
un bocado delicado lo destinaré para mí.
He dicho, he dicho. Ahora tomaré aliento.

104. ¡Qué sublime elocuencia!

105. Bellas muchachas,
dignaos tomar
el brazo de nuestros caballeros,
el carruaje está listo.

106. Partamos.

107. Papá. Su Excelencia,
no te tardes

(A Cenerentola)
108. ¿Qué haces tú aquí?
El sombrero y el bastón.

CENERENTOLA
Ah! Sì, signor.

109. Sí, señor.

Sale.

DANDINI
Perseguitate presto
con i piè baronali
i magnifici miei quarti reali.

110. Seguidlas rápido
con sus baronescos pies
a mis magníficos alojamientos reales.

MAGNIFICO   •
Monti in carrozza, e vengo.

111. Subo a la carroza y voy.

Sigue a Cenerentola hacia otro cuarto.

RAMIRO
(E pur colei vo' riveder.)

112. (Quiero verla otra vez.)

MAGNIFICO
Ma lasciami.

(Enojado)
113. ¡Déjame!

RAMIRO
La sgrida!

114. ¡Le está gritando!

CENERENTOLA
Sentite

115. Escucha por favor.

MAGNIFICO
Il tempo vola.

116. El tiempo vuela.

RAMIRO
Che vorrà?

117. ¿Qué querrá?

MAGNIFICO
Vuoi lasciarmi?

118. ¿Quieres dejarme en paz?

CENERENTOLA
Una parola.

119. Solo una palabra.

Signor, una parola:
In casa di quel príncipe un'ora,
un'ora sola, portatemi a ballar.

Señor, solo una palabra:
Llévame a bailar a la casa del Príncipe,
una hora, solo una hora.

MAGNIFICO
Ih, ih! La bella Venere! Vezzosa, pomposetta
sguaiata, cová cenere! Lasciami, deggio
andar.

DANDINI
Cos'e, qui fa la statua?

RAMIRO
Silenzio, ed osserviamo.

DANDINI
Ma andiamo o non andiamo?

RAMIRO
Mi sento lacerar.

CENERENTOLA
Ma una mezz'ora... un quarto...

MAGNIFICO
O lasciami o ti stritolo.

RAMIRO, DANDINI
Fermate!

MAGNIFICO

Serenissima!

Ma vattene.

Altezzissima!
Servaccia ignorantissima!

RAMIRO, DANDINI
Serva?

CENERENTOLA
Cioè...

120. ¡Ji, ji! ¡La bella Venus! ¡Hermosa, pomposa,
igualada, cenicienta! Déjame, debo irme.

(Regresa y ve a Ramiro inmóvil.)
121. ¿Qué pasa? ¡Juegas a la estatua?

122. Calla y observemos.

123. ¿Pero vamos o no vamos?

124. Siento que me laceran.

125. Siquiera media hora... un cuarto...

(La amenaza con su bastón)
126. Déjame o te golpeo.

127. ¡Detente!

(Sorprendido y haciendo grandes reverencias
128. *a Dandini.)*
¡Alteza serenísima!

(A Cenerentola)
Ahora vete.

(A Dandini)
¡Altesísima!
¡Ella es la más ignorante de los sirvientes!

129. ¿Sirvienta?

130. Es decir...

MAGNIFICO
Vilissima.
d'un estrazion bassisima,
vuol far la sufficiente
la cara l'avvenente,
e non è buona a niente
va' in camera, va' in camera
la polvere a spazzar.

DANDINI
Ma caro Don Magnifico
via, non la strapazzar.

RAMIRO
Or ora la mia collera
non posso più frenar.

CENERENTOLA
Ah! sempre fra la cenere,
sempre dovrò restar?
Signori, persuadetelo;
portatemi a ballar.

Don Magnifico a punto de salir con Dandini, Alidoro entra con un libro de registro en sus manos.

ALIDORO
Qui nel mio codice delle zitelle
con Don Magnifico
stan tre sorelle.

Or che va il príncipe
la sposa a scegliere,
la terza figlia
io vi domando.

MAGNIFICO
Che terza figlia
mi va figliando?

ALIDORO
Terza sorella.

131. *(Poniendo su mano sobre la boca de Cenerentola.)*
Lo más bajo que existe.
De una extracción bajísima,
pretende ser de alta alcurnia,
la muñeca, la hermosa,
es una buena para nada
entra a las estancias
a barrer el polvo.

132. Pero querido Don Magnífico
no la maltrate.

133. No puedo frenar
mi cólera.

134. *(Con ingenuidad)*
¡Siempre entre las cenizas,
deberé permanecer?
Señores, persuádanlo;
de que me lleve a bailar.

135. Aquí en mi lista de casaderas
dice que Don Magnífico
tiene tres hijas.

(A Don Magnifico)
Ahora que el Príncipe
va a escoger a su esposa,
exijo ver a su
tercera hija.

136. *(Confuso)*
¿Cual tercera hija
me están adjudicando?

137. La tercera hermana.

27

MAGNIFICO
Ella... mori...

ALIDORO
Eppur nel codice non l'è cosi.

CENERENTOLA
(Ah, di me parlano.)

No, non mori!

MAGNIFICO
Sta' zitta li.

ALIDORO
Guardate qui.

MAGNIFICO
Se tu respiras,
ti scanno qui.

RAMIRO, DANDINI
Ella morì?

MAGNIFICO
Altezza morí!

TODOS
Nel volto estatico
di questo e quello
si legge il vortice
del lor cervello,
che ondeggia e dubita...
e incerto sta.

MAGNIFICO
Se tu più mormori
solo una sillaba,
un cimiterio qui si farà.

138.   Ella... murió...

139.   No dice eso en el registro.

140.   (Están hablando de mí.)

(Se acerca)
¡No, no murió!

(A Cenerentola)
141.   Quédate callada allí.

142.   Miren aquí.

(Empujando a Cenerentola hacia una esquina.)
143.   Si tan solo respiras,
te degüello aquí.

144.   ¿Ella murió?

145.   Su alteza, ella murió.

146.   En el rostro estático
de uno y otro
se lee el vértigo
de su cerebro
que vacila y duda...
y está incierto.

(Entre dientes a Cenerentola)

147.   Si tú murmuras algo más,
solo una silaba
haré un cementerio aquí.

CENERENTOLA

Deh, soccorretemi.
deh, non lasciatemi.
Ah! di me misera
che mai sarà?

RAMIRO

Via, consolatevi.

Signor, lasciatela.
(Già la mía furia crescendo va.)

ALIDORO

Via, meno strepito
fate silenzio,
o qualche scandalo
qui nascerà.

DANDINI

Io sono un príncipe
o sono un cavolo?
Vi mando al diavolo.

Venite qua.

148.	Ayúdenme.
No me dejen.
¿Pobre de mí
que será de mí?

(A Cenerentola)
149.	Vamos, consuélate.

(A Don Magnifico)
Señor, déjala en paz.
(Ya mi furia creciendo va.)

150.	Vamos, menos ruido
guarden silencio,
cuánto escandalo
se va a armar.

151.	¿Yo soy un príncipe
o soy un tonto?
Idos al diablo.

(A Cenerentola)
Ven aquí.

Libera a Cenerentola de Don Magnifico.
Ella corre hacia su estancia.

ALIDORO

Si, tutto cangerà
quel folle orgoglio poca polve sarà,
gioco del vento,
e all'alterno lamento
succedera il sorriso
Figlia, figlia...

152.	Sí, todo cambiará
ese orgullo tonto se hará
polvo del viento,
y después del lamento
vendrá la sonrisa
Hija, hija...

CENERENTOLA

Figlia voi mi chiamate?
Oh, questa è bella!
Il padrigno Barone,
non vuol essermi padre...

153.	¿Me llamasteis hija?
¡Qué bonito!
Mi padrastro el Barón,
no quiere ser mi padre...

CENERENTOLA (*continuato*)
E voi per altro...
Guardando i stracci vostri e i stracci
miei degna d'un padre tal figlia sarei.

ALIDORO
Taci, figlia e vieni meco.

CENERENTOLA
Teco? E dove?

ALIDORO
Del príncipe al festino.

CENERENTOLA
Tu mi vieni a burlar?

ALIDORO
No! Sublima il pensiero!
Tutto cangiò per te!
Calpesterai men che fango
i rapirai tutti i cuori
vien meco e non temer;
per tel dall'alto m'ispira un
Nume a cui non crolla il trono.
E se dubiti ancor mira chi sono!

Lá del ciel nell'arcano profondo
del poter sull'altissimo trono
veglia un Nume, signore del mondo
al cui pie basso mormotra il tuono.
Tutto sa, tutto vede e non lascia
nell'ambascia perir la bontà.
Fra le cenere, il piante e l'affanno
ei ti vede fanciulla innocente
e cangiando il tuo stato tiranno
fra l'orror vibra un lampo innocente.

No, no, non temer.
Si è cambiata la scena;
la tua pena cangiando già và.

Y usted...
Mirando tus harapos y los míos
me gustaría ser hija de tal padre.

154. Calla hija y ven conmigo.

155. ¿Contigo? ¿Y adonde?

156. A la fiesta del Príncipe.

157. ¿Vienes a burlarte de mí?

158. ¡No! ¡No pienses eso!
¡Todo cambió para ti!
Tus pies pisarán sobre tesoros
conquistarás a todos los corazones,
ven conmigo y no temas; desde lo alto un
Dios me inspira por ti,
su trono no se tambalea.
¡Si lo dudas aun, mira quien soy!

En las secretas profundidades
del cielo, en el alto trono del
poder, vela un Dios, señor del
mundo bajo cuyo pie, murmura el trueno.
Todo lo sabe, todo lo ve y no de
ja que la bondad muera de dolor.
Entre las cenizas él mira muchacha
inocente, tu llanto y tu necesidad
y él cambia tu doloroso estado;
entre el horror vibra un relámpago inocente.

No, no, no temas.
La escena ha cambiado;
tu pena ya va cambiando.

ALIDORO (*continuato*)

Un crescente mormorio
non ti sembra d'ascoltar?
Ah, sta lieta; il cochio mio,
su cui voli a trionfar!
Tu mi guardi?
Ti confondi?

Ehi, ragazza, non rispondi?
Sconcertata è la tua testa
e rimbalza qua è là,
come nave in gran tempesta
che di sotto in su sen va.
Si, si. Ma già il nembo e terminato
scintillò serenitá
il destino s'è cangiato;
l'innocenza brillerá.

¡Un creciente murmullo
no te parece escuchar?
¡Alégrate, es mi carruaje
que te llevará a triunfar!
¿Tú me miras?
¿Te confundes?

¿Eh muchacha, no respondes?
Desconcertada está tu cabeza
y gira de aquí para allá,
como nave en gran tempestad
que de abajo a arriba va.
Sí, sí. La tormenta ha terminado
brilla la serenidad
el destino ha cambiado
la inocencia brillará.

ESCENA VIII.

Una habitación en la casa de campo de Don Ramiro.
Entra Dandini, con Tisbe, Clorinda, Don Magnifico y Don Ramiro.

DANDINI

Ma bravo, bravo, bravo,
caro il mio Don Magnifico
di vigne, di vendemmie e di vino
m'avete fatto una disertazione
lodo il vostro talento.

Si vede che ha studiato.

Si porti sul momento
dove sta il nostro vino conservato
e se sta saldo e intrepido
al trivigesimo assaggio
lo promovo all'onor di cantiniero
io distinguo i talenti e premio
il saggio.

159. Pero bravo, bravo, bravo,
mi querido Don Magnífico
de viñedos, vendimias y vinos
me habéis hecho una disertación
alabo vuestro talento.

(*A Don Ramiro*)
Se ve que ha estudiado.

(*A Don Magnifico*)
Llévenlo al momento a donde
está nuestro vino conservado
y si está sobrio y de pie
a la veintitresava degustación
lo promuevo al honor de catador
yo distingo el talento y premio
la sabiduría.

MAGNIFICO
Prence! L'Alteza Vostra
e un pozzo di bontà
più se ne cava
più ne resta a cavar.

Figlie, vedete?
Non regge al vostro merto
n'e la mía promozione indizio certo
Clorinduccia, Tisbina
tenete allegro il Re. Vado in cantina.

RAMIRO
Esarnina, disvela e fedelmente
tutto mi narrerai.

DANDINI
Eseguite trottando il cenno mio, udisti?

RAMIRO
Udii.

DANDINI
Fido vasallo, addio.

Don Ramiro parte.

DANDINI
Ora sono da voi. Scommetterei
che siete fatte al torno,
e che il guercetto amore
è stato il tornitore.

CLORINDA
Con permesso;
la maggiore son io,
onde la prego
darmi la preferenza.

TISBE
Con sua licenza;
la minore son io
invecchierò più tardi.

160. ¡Príncipe! Vuestra Alteza
es un pozo de generosidad
mientras más da
más le queda para dar.

(En voz baja a sus hijas.)
¿Hijas, lo ven?
No resiste vuestros atributos
y mi promoción es segura.
Clorinduccia, Tisbina, mantengan
contento al rey. Voy a la cava.

161. Investiga, descubre y fielmente
cuéntame todo.

162. ¿Sigan todas mis instrucciones, oyeron?

163. Oigo.

164. Fiel vasallo, adiós.

165. Ahora soy de ustedes. Apostaría
que ustedes fueron hechas iguales
y que Cupido
fue el hacedor.

166. Con permiso;
Yo soy la mayor,
así que os ruego
me deis la preferencia.

167. Con su licencia;
yo soy la menor
envejeceré más tarde.

CLORINDA
Scusi, quella è fanciulla,
proprio non sa di nulla.

TISBE
Permetta; quella è un'acqua senza sale.
Non fa né ben né male.

CLORINDA
Di grazia, i dritti miei
la prego bilanciar.

TISBE
Perdoni, veda,
io non tengo rossetto.

CLORINDA
Ascolti; quel suo bianco è di bianchetto.

TISBE
Senta...

CLORINDA
Mi favorisca...

DANDINI
Anime belle, mi volete spaccar?
Non dubitate.

Ho due occhi reali
e non adopro occhiali

Fidate pur di me,
mio caro oggetto.

Per te sola mi batte
il core in petto.

TISBE
M'inchino a Vostra Altezza.

168. Perdón, ella es solo
una chiquilla que no sabe nada.

169. Permítame, ella es agua sin sal.
No hace ni bien ni mal.

170. Por favor le ruego
tomar en cuenta mis derechos.

171. Perdón, vea,
yo no uso maquillaje.

172. Escuche, su blancura es por el blanqueador.

173. Escuche...

174. Por favor...

175. ¿Animo bellas, me quieren partir en dos?
No duden.

(A Clorinda)
Tienes ojos de realeza
y no usas anteojos.

(A Tisbe)
Confía en mí,
tesoro mío.

(A Clorinda)
Solo por ti me late
el corazón en el pecho.

176. Me inclino ante Vuestra Alteza.

CLORINDA
Anzi all'Alteza Vostra...

177. Mejor dicho, Alteza Vuestra...

TISBE
Verrò a portarle qualche memoriale

178. Os traeré una petición.

CLORINDA
Lectum.

179. Anduvieron.

TISBE
Ce la vedremo.

180. Nos veremos de nuevo.

CLORINDA
Forse si, forse no.

181. Quizás sí, quizás no.

TISBE
Poter del mondo!

182. ¡Poder del mundo!

CLORINDA
Le faccio riverenza...

183. Le hago reverencia...

TISBE
Oh, mi sprofondo.

184. Me inclino ante vos.

Parten en diferentes direcciones.

ESCENA X.
Cuarto de dibujo en la casa del príncipe.
Don Magnifico con sus ropas adornadas con abundantes uvas,
está rodeado de cortesanos.

CORO
Conciossiacosacché
trenta botti già gustò,
e bevuto ha già per tre
e finor non barcollò;
e piaciuto a Sua Maestà nominarlo
cantinier: intendente del bicchier
con estesa autorità
presidente al vendemmiar,
direttor dell'evoè;
onde tutti interno a te
S'affolliamo qui a saltar.

185. Tanto como
treinta barriles ya probaron,
y ya ha bebido por tres
y hasta ahora no se ha tambaleado;
y Su Majestad ha decidido nombrarlo
superintendente de los vasos de vino,
con extensa autoridad,
presidente de la cosecha de uvas,
director de las fiestas de Baco
en donde todos en torno a ti
non aprontamos a bailar.

MAGNIFICO
Intendente? Direttor?
Presidente? Cantinier?
Grazie, grazie, che piacer!
Che girandola ho nel cor!
Si venga a scrivere quel che dettiamo.
Sei mila copie poi ne vogliamo.

CORO
Già pronti a scrivere
tutti siam qui.

MAGNIFICO
Noi, Don Magnifico...
questo in maiuscole.
Bestie! Maiuscole! Bravi, cosi,
Noi Don Magnifico
Duca e Barone
dell'antichissimo
Montefiascone
Grand'intendente
Gran Presidente
con gli altri titoli
con venti et cetera
in splenitudine d'autorità
riceva d'ordine chi leggerà:

Di più non, mescere
per anni quindici amabile
d'acqua una gocciola
alias capietur et strangulatur, perché...
Nel anno etc., barone etc.

CORO
Barone etc. è fatto già.

MAGNIFICO
Ora affigetelo perla citta

CORO
Il pranzo in ordine andoiamo a mettere;
vino a diluvio si bevera.

186. ¿Intendente? ¿Director?
¿Presidente? ¿Mayordomo?
¡Gracias, gracias, qué placer!
¡Tengo un remolino en el corazón!
Que alguien escriba lo que voy a dictar.
Queremos seis mil copias.

187. Aquí estamos
prestos a escribir.

(*Observando como escriben.*)
188. Nosotros, Don Magnífico...
esto en mayúsculas.
¡Bestia! ¡Mayúscula! Bravo, así.
Nosotros Don Magnífico,
Duque y Barón
del antiquísimo
Montefiascone
Gran intendente
Gran Presidente
con los otros títulos
con veinte etcétera
con toda la autoridad a los que lean
y reciban la orden que dirá:

Por los siguientes quince años
no debe mezclarse ni una gota
de agua con el vino amable so pena
de ser detenido y ser estrangulado, porque...
En el año etc., el Barón etc.

189. Barón etc. eso es todo.

190. Ahora fíjenlo por toda la ciudad.

191. Vamos a organizar la comida;
diluvios de vino se beberán.

GIACCHINO ROSSINII

MAGNIFICO
Premio bellissimo di piastre sedici
a chi più Malaga si succhierá. Si bevera.

192. Un premio de dieciséis piastras para
el que beba más Málaga.

Parten con Don Magnifico.

ESCENA XI.
Entran Ramiro y Dandini buscando algo.

RAMIRO
Zitto, zitto, piano, piano;
senza strepito e rumore,
delle due qual è l'umore?
Esattezza e verita.

193. Shh, shh, quedo, quedo;
sin estrépito ni ruido
quiero saber cómo son esas dos
con exactitud y verdad.

DANDINI
Sotto voce a mezzo tuono,
in estrema confidenza,
sono un misto d'insolenza,
di capriccio e vanità.

194. En voz baja, a medio tono
en extrema confianza
ellas son mezcla de insolencia
capricho y vanidad.

RAMIRO
E Alidoro mi dicea
che una figlia del Barone...

195. Y Alidoro me decía
que una hija del Barón...

DANDINI
Ah, il maestro ha un gran testone
oca eguale non si dà
son due vere banderuole...
ma convien dissimular.

196. El maestro es muy obstinado
como ganso que es, no tiene igual
ellas son dos pavorreales...
pero conviene disimular.

RAMIRO
Se le sposi pur chi vuole
seguitiamo a recitar.

197. Si alguien quiere casarse con ellas,
es bienvenido. Ir nuestra parte,
continuaremos jugando nuestro papel.

ESCENA XII.
Clorinda llega corriendo de una dirección y Tisbe desde otra.

CLORINDA
Principino, dove state?

198. ¿Principito, en donde estás?

TISBE
Principino, dove state?

199. ¿Principito, en donde has estado?

CLORINDA, TISBE
Ah! perché m'abbandonate?
Mi farete disperar.

200.   ¿Por qué me abandonaste?
Me haces desesperar.

CLORINDA
Vi vogl 'ío

201.   Te quiero.

TISBE
Io vi voglio.

202.   Yo te quiero.

DANDINI
Ma non diamo in bagattelle,
maritarsi a due sorelle
tutte insieme non si può.
Una sposa...

203.   Ahora no seamos frívolos
no puedo casarme
con dos hermanas.
Una esposa...

CLORINDA
E l'altra?

204.   ¿Y la otra?

TISBE
E l'altra?

205.   ¿Y la otra?

DANDINI
E l'altra all amico la darò.

(Indicando a Ramiro.)
206.   La otra se la daré a mi amigo.

CLORINDA, TISBE
No, no, no, no, no!
un scudiero! Oibò, oibò!

207.   ¡No, no, no, no, no!
¡Un criado! ¡Pfuá, pfuá!

RAMIRO
Sarò docile, amoroso,
tenerissimo di cuore.

(Se sitúa entre ambas.)
208.   Seré dulce y amoroso,
de corazón muy tierno.

CLORINDA, TISBE
Un scudiero! no, signore.
Un scudiero, questo no.

(Mirándolo con desprecio.)
209.   Un criado no señor.
Un criado, de ninguna manera.

CLORINDA
Con un'anima plebèa!

210.   ¡Con un alma plebeya!

TISBE
Con un'aria dozzinale!

211.   ¡Con un aire vulgar!

CLORINDA, TISBE
Mi fa male, mi fa male,
solamente a immaginar...

212. Me enferma, me enferma,
solo de imaginar...

DANDINI, RAMIRO
La scenetta è originale;
veramente da contar.

(Riendo entre ellos.)
213. La escenita es original;
verdaderamente de contarse.

ESCENA XIII.
El coro de los cortesanos, luego Alidoro.

CORO
Venga, inoltri, avanzi il piè;
anticamera non v'è.

214. Adelante, pase, acérquese
no hay que hacer antesala.

RAMIRO, DANDINI
Sapíentissimo Alidoro,
questo strepito cos'è?

215. ¿Sapientísimo Alidoro,
qué es esa conmoción?

ALIDORO
Dama incognita qua vien,
sopra il volto un velo tien.

216. Aquí llega una dama desconocida
lleva un velo sobre el rostro.

CLORINDA, TISBE
Una dama!

217. ¡Una dama!

ALIDORO
Signor, si!

218. ¡Sí, señor!

CLORINDA, TISBE
Ma chi è?

219. ¿Pero quién es?

ALIDORO
Nol palesò.

220. No lo ha dicho.

CLORINDA, TISBE
Sarà bella?

221. ¿Será bella?

ALIDORO
Sì e no.

222. Sí y no.

DANDINI, RAMIRO
Chi sarà?

223. ¿Quién será?

ALIDORO
Ma non si sa.

224. No se sabe.

CLORINDA
Non parlò?

225. ¿No habló?

ALIDORO
Signora, no.

226. No, señora.

TISBE
E qui vien?

227. ¿Y a qué viene?

ALIDORO
Chi sa perché?

228. ¿Quién sabe a qué?

TODOS
Chi sarà? Chi è? Perché?
Non si sa, si vedrà.

(Se hace un silencio.)
229. ¿Quién será? ¿Quién es? ¿Por qué?
No se sabe; ya veremos.

Se hace un silencio.

CLORINDA, TISBE
Gelosia, già, già mi lascera,
già il cervel più in me non è.

230. Los celos me laceran,
me saca de mis casillas.

ALIDORO
Gelosia, già, già, le rosica,
più il cervello in lor non è.

231. Los celos te corroen,
ya no están en sus cabales.

RAMIRO
Un ignoto arcano palpito
Ora m'agita; perché?

232. ¿Un palpitar misterioso y desconocido
me agita; por qué?

DANDINI
Diventato son di zucchero!
Quante mosche interno a me!

233. ¡Me he transformado en azúcar cuántas
moscas en torno a mí!

Dandini se dispone a introducir a la dama.

Cortesanos escoltando a Cenerentola quien está suntuosa y elegantemente vestida.
Su rostro velado.

CORO
Ah! Se velata ancor
dal seno il cor ci ha tolto,
se svelarai quel volto, che sarà?

234. ¡Ah! ¿Así con velo
nos has robado el corazón,
que pasará cuando reveles tu rostro?

39

CENERENTOLA
Sprezzo quei don che versa
fortuna capricciosa;
m'offra, chi di mi vuol sposa
rispetto, amor, bontà.

235. Desprecio al que vierte
fortuna caprichosa;
prefiero al que me ofrezca
como esposa, respeto, amor, bondad.

RAMIRO
(Di quella voce il sueno
ignoto al cuor non scende;
perché la speme accende,
di me maggior mi fa.)

236. (De esa voz el timbre
no le es desconocido a mi corazón,
porque aumenta mi esperanza
y me hace más grande.)

DANDINI
Begli occhi, che dal velo
vibrate un raggio acuto,
svelatevi un minuto
almen per civilitá.

237. Bellos ojos, que atreves
del velo hacen brillar un rayo,
descúbrete un minuto
al menos por cortesía.

CLORINDA, TISBE
Vedremo il gran miracolo
di questa rarità.

238. Veremos el gran milagro de ésta rareza.

Cenerentola se descubre.
Hay un momento de sorpresa reconocimiento y de incertidumbre.

TODOS
Parlar, pensar, vorrei
parlar, pensar, non so,
questo è un incanto inganno.
Oh, Dei! Quel volto aterrò.

239. Hablar, pensar, quisiera
hablar pensar, no sé ella
es un encanto.
¡Oh Dios! Su rostro me fascinó.

ALIDORO
(Amar già la dovrebbe,
il colpa non sbagliò.)

240. (Él ya debe estarla amando,
no falló el golpe.)

ESCENA XV.

Don Magnifico se aproxima corriendo.

MAGNIFICO
Signor... Altezza, e in tavola...
Che... co... chi... si... Che bestia!
Quando si dici i simili!
Non sembra Cenerentola?

241. Alteza... la cena está servida
que... co... que... si... ¡Qué bestia!
¡Cómo se parece!
¿No se parece a Cenerentola?

CLORINDA, TISBE
Pareva anear a noi,
ma a riguardarla poi...
la nostra è goffa, e attratta
questa è un po' più ben fatta;
ma poi non è una Venere
da farci spaventar.

MAGNIFICO
Quella sta nella cenere,
ha stracci sol per abiti.

CENERENTOLA
(Il vecchio guarda e dubita.)

RAMIRO
(Mi guarda e perché palpiti.)

DANDINI
Ma non facciam le statue
patisce l'individuo
andiamo, andiamo, a tavola
poi balleremo il Taice
e quindi la bellísima...
con me s'ha da sposar.

TODOS
Andiamo, andiamo, a la tavola,
si voli a giubilar.

DANDINI
(Oggi che fo da príncipe
per quattro vuo' mangiar.)

TODOS
Mi par d'essere sognando
fra giardini e fra boschetti
i ruscelli sussurrando
gorgheggiando gli augelletti
in un mare di delizie
fanno l'animo nuotar.

242. Así nos pareció a nosotras
pero al verla otra vez...
La nuestra es tonta,
y fea ésta está un poco mejor
pero ésta no es una Venus
de la que haya que preocuparse.

243. Aquella está entre las cenizas
sus ropas son harapos.

244. (El viejo mira y duda.)

245. (Me mira y se estremece.)

246. No nos quedemos como estatuas
todos tenemos hambre
vamos, vamos a la mesa
después bailaremos el Taice
y luego la más bella...
conmigo se ha de desposar.

247. Vamos, vamos a la mesa,
vayamos a disfrutar.

248. (Hoy que la hago de príncipe
voy a comer por cuatro.)

249. Me parece estar soñando
entre jardines y bosquecillos
los arroyos susurrando,
gorgojando los pajarillos
que hacen nadar a mi ánimo
en un mar de delicia.

TODOS (*continuato*)
Ma ho timor che sotto terra
piano, piano, a poco, a poco
si sviluppi un certo fuoco
e improvviso a tutti ignoto
balzi fuori un terremoto
che crollando, strepitando
fracassando, sconquassando
poi mi venga a risvegliar
e ho paura che il mio sogno
vada in fumo a dileguar.

Pero tengo temor que bajo tierra,
poco a poco
se desarrolle un cierto fuego
y de improviso sin que se sepa
surja de pronto un terremoto que
derrumbando y rugiendo
golpeando, estrellando
luego me venga a despertar
y yo tenga miedo de que mi sueño,
se disipe como humo.

Acto Segundo

ESCENA I.

Una habitación en casa de Don Ramiro.
Entra Don Magnifico con Clorinda y Tisbe.

MAGNIFICO
Mi par che quei birbanti
ridessero di noi sotto cappotto
corpo del mosto cotto
fo un cavaliericidio!

TISBE
Papà, non, v'inquietate.

MAGNIFICO
Ho nella testa
quattro mila pensieri.
Ci mancava quella madama anonima.

CLORINDA
E credete,
che del Principe il core ci contrasti?
Somiglia a Cenerentola, e vi basti.

MAGNIFICO
Viscere míe,
mi raccomando a voi.

Sía qualunque delle figlie
che fra poco andrá sul trono
ah! non lasci in abbandono
un magnifico papà.
Già mi par che questo o quello
conficcandomi a un cantone
e cavandosi il capello,
incominci: sor Barone,
alla figlia sua realle
porterebbe un memoriale?

(Colérico)
250. ¡Me parece que esos bribones
estuvieron riéndose de nosotros
por el cuerpo del nuevo mosto
haré un caballericidio!

251. Papá, no te inquietes.

252. Tengo en la cabeza
cuatro mil pensamientos,
solo faltaba esa dama anónima.

253. ¿Y tú crees que
ganó el corazón del Príncipe?
Solo parece una cenicienta y eso es todo.

254. Mis niñas
confío en ustedes.

Cualquiera de mis hijas
que dentro de poco subirá al trono,
no dejará en el abandono
a un magnífico papá.
Ya me parece ver a una o
a otra llevándome a un rincón
y quitándose el sombrero me diga:
¿señor Barón,
a su real hija
le trae una petición?

MAGNIFICO (*continuato*)
Prenda: per la cioccolata, e una doppia
ben coniata faccia intanto scivolar.
Io rispondo: eh, si vedremo.
Già è di peso? Parleremo.
Da palazzo può passar.

Mi rivolto; e vezzosetta
tutta odori, e tutta unguenti
mi s'inchina una scuffietta
fra sospiri e complimenti:
Baroncino! Si ricordi
quell'affare, e già m'intende...
Senza argento parla ai sordi
la manina alquanto stende
fa una piastra sdrucciolar.

Io galante; occhietti bei!
Ah! per voi che non farei!

Io vi voglio contentar!
Mi risveglio a mezzo giorno
suonna appena il campanello
che mi vedo al letto interno
supplichevole drappello
questo cerca protezione;
quello ha torto, e vuol ragione
chi vorrebbe un impieguccio
chi una cattedra ed è un ciuccio
chi l'appalto delle spille
chi la pesca delle anguille,
ed intanto in ogni lato
sara zeppo e contornato
di memorie e petizioni,
di galline, di sturioni
di bottiglie, di broccati
di candele e marínati
di ciambelle e pastíccetti
di canditi, di confetti,
di piastroni, di dobloni
di vaniglia e di caffè.

Aquí tiene, para el chocolate, y un doblón
bien acuñado deslice en mi mano.
Yo respondo: si, veremos.
¿Y del peso? Hablaremos.
Puedo entrar al palacio.

Me doy vuelta y muy bonita
toda olorosa se inclina ante mí una con
pequeño bonete, entre sus
piros y cumplimientos:
Baroncito! Recuerda usted
aquel affaire, ya me entiende...
Sin plata se habla a un sordo
extiende su manita
y hace caer una piastra.

¡Yo galante! ¡Ojitos bellos!
¡Que no haría yo por ustedes!

¡Yo las quiero contentar!
Me despierto a medio día
apenas sueno la campanilla
veo alrededor de mi lecho
una tropa de suplicantes
éste busca protección
aquel está equivocado y no quiere estarlo,
alguien quiere un empleo,
alguien una cátedra y es un asno,
alguien el monopolio de los broches,
otro la pesca de la anguila y en tanto,
en todos lados estaré
abarrotado y rodeado
de memorándums y peticiones,
de gallinas y esturiones
de botellas y brocados
de velas y confituras
de panecillos y repostería
de dulces y confites,
de piastras y doblones
de vainilla y de café.

MAGNIFICO (*continuato*)

Basta, basta, non portate
terminate, ve n'andate!
Basta, basta, in caritá
serro l'uscio a catenaccio
importuni, seccatori,
fuori, fuori, via di me
presto, presto, via da me.

¡Basta, basta, ya no más,
ya terminen y váyanse!
Basta, basta, por caridad
cierro con cadenas
inoportunas, cargados, la puerta
fuera, fuera, largo de aquí
rápido, rápido, fuera de aquí.

ESCENA II.

Ramiro, luego Cenerentola y Dandini y al final Alidoro.

RAMIRO

Ah, questa bella incognita,
con quella somiglianza all'infelice
Che mi colpi stamane,
mi va destando in petto
certa ignota premura...
anche Dandini mi sembra innamorato.
Eccoli: udirli or qui potrò celato.

255. Ah, esa bella desconocida,
con ese parecido a la infeliz
que me impresionó ésta mañana,
va despertando en mi pecho
una misteriosa sensación... Dandini,
también parece enamorado. Aquí vienen,
aquí escondido podré escucharlos.

Se esconde.

DANDINI

Man no fuggir, per bacco!
Quattro volte
mi hai fatto misurar la galleria.

256. ¡No huyas, por Baco!
Cuatro veces
me has hecho medir la galería.

CENERENTOLA

O mutate linguaggio, o vado via.

257. Cambia de tema, o me voy.

DANDINI

Ma che? Il parlar d'amore
è forse una stoccata?

258. ¿Pero qué hablar de amor
es quizás una estocada?

CENERENTOLA

Ma io d'un altro sono innamorata!

259. ¡Pero si estoy enamorada de otro!

DANDINI

E me lo dici in faccia?

260. ¿Y lo dices en mi cara?

CENERENTOLA

Ah, mio signore, deh,
non andate in collera
Col mio labbro sincero.

261. Ah, señor mío,
no montes en cólera
si te hablo con sinceridad.

DANDINI
Ed ami?

CENERENTOLA
Scusi? ...

DANDINI
Ed ami?

CENERENTOLA
Il suo scudiero...

RAMIRO
Ah, gioia! Anima mia!

ALIDORO
Va a meraviglia!

RAMIRO
Ma il grado e la ricchezza
non seduce il tuo core?

CENERENTOLA
Mio fasto è la virtù,
ricchezza è amore.

RAMIRO
Dunque saresti mia?

CENERENTOLA
Piano, tu devi pria
ricercarmi, conoscermi, vedermi,
esaminar la mia fortuna.

RAMIRO
Io teco cara, verrò volando.

CENERENTOLA
Fermati, non seguirmi.
Io tel comando.

RAMIRO
E come dunque?

262. ¿Y a quién amas?

263. ¿Como? ...

264. ¿Y a quién amas?

265. A su caballerango...

(Sale del escondite.)
266. ¡Qué alegría! ¡Alma mía!

267. ¡Todo va de maravilla!

268. ¿Pero el rango y la riqueza
no seducen tu corazón?

269. Mi lujo es la virtud,
la riqueza es el amor.

270. ¿Entonces serás mía?

271. Despacio, tu primero debes
encontrarme, conocerme, verme,
examinar mi fortuna.

272. Yo mismo querida, vendré volando.

273. Detente, no me sigas.
Yo te lo ordeno.

274. ¿Y entonces qué hago?

CENERENTOLA

Tieni, cercami, e alla mia destra
Il compagno vedrai;
E allor... se non ti spiaccio...
allor m'avrai.

RAMIRO

Dandini, che ne dici?

DANDINI

Eh! Dico che da príncipe
sono passato a far da testimonio.

RAMIRO

E allor... se non ti spiaccio...
allor m'avari.
Qualli accenti son questi?

Ah, mio sapiente
venerato maestro.
Il cor m'ingombra
misterioso amore.
Che far degg'io?

ALIDORO

Quel che consiglia il core.

RAMIRO

Principe più non sei; di tante
sciocche si vuoti il mio palazzo.

Olà miei fidi,
sia pronto il nostro cocchio
e fra momenti... così potessi
aver l'ali dei venti.
Si, ritrovarla io giuro.
Amore, amor mi muove
se fosse in grembo a Giove
io la ritroverò.

(Le da uno de sus brazaletes.)

275. Ten, búscame, y en mi muñeca derecha,
veras a su compañero;
Y si no te disgusto...
entonces me tendrás.

276. ¿Dandini, qué me dices?

277. Digo que de haber sido príncipe
pasó a ser testigo.

278. Y luego, si no te disgusto...
entonces me tendrás.
¿Qué quiso decir con eso?

(A Alidoro)
Ah, mi sabio
y venerado maestro.
Mi corazón está lleno
de un misterioso amor
¿Qué debo hacer?

279. Lo que te aconseje el corazón.

280. Ya no eres más príncipe,
saca de mi palacio a todos esos tontos.

(Llama a sus seguidores.)

Hola mis fieles,
que alisten nuestro carruaje
y así podré tener
las alas del viento.
Y juro que la re-encontraré.
Me mueve el amor
si se fue en brazos de Júpiter
yo la encontraré.

RAMIRO (continuato)
Pegno adorato e caro
che mi lusinghi almeno.
Ah, come al labbro e al seno
come ti stringerò!

CORO
Oh, qual tumulto ha in seno!
Comprenderlo non so.

RAMIRO y CORO
Noi voleremo, domanderemo
ricercheremo, ritroveremo.
Dolce speranza, freddo timore
dentro al mio core, stanno a pugnar.
Amore, amore, m'hai da guidar.

Parte con sus seguidores.

ESCENA III.
Dandini y Don Magnifico.

DANDINI
Ma dunque io son un ex. Dal tutto
al niente precipito in un tratto?
Veramente ci ho fatto
una bella figura.

MAGNIFICO
Scusi la mia premura
ma quelle due ragazze
stan con la febbre a freddo.
Si potrebbe sollecitar la scelta?

DANDINI
E fatta, amico.

MAGNIFICO
È fatta! Ah, per pietà dite, parlate!
È fatta, e i miei germogli...
In queste stanze a vegetar verranno?

DANDINI
Tutti poi lo sapranno
per ora è un gran segreto.

(Mira el brazalete.)
Objeto adorado y querido
que al menos me dé esperanza.
¡Cómo te apretaré a mis labios
y a mi pecho!

281. ¡Oh, qué tumulto tiene en su seno!
No sé comprenderlo.

282. Nosotros querremos y pediremos
buscaremos y encontraremos.
Dulce esperanza, frio temor
dentro de mi corazón, se van a enfrentar.
Amor, amor, me tienes que guiar.

283. Entonces yo soy un ex.
¿De ser todo caigo a ser nada?
Verdaderamente yo tengo
una bella figura.

(Entra de prisa.)
284. Disculpe mi premura
pero esas dos muchachas
están con fiebre y frio.
¿Podría usted hacer su selección?

285. Ya está hecha, amigo.

286. ¡Está hecha! ¡Por piedad, dígamelo, hable!
Está hecha y mis niñas...
¿Vendrán a florecer en esta esta estancia?

287. Todo lo sabremos despúes
por ahora es un gran secreto.

MAGNIFICO
E quale, e quale?
Clorinda o Tisbetta?

288. ¿Pero cuál es, cuál es?
¿Clorinda o Tisbetta?

DANDINI
Non giudicate fretta.

289. No sea tan impaciente.

MAGNIFICO
Lo dica ad un papà.

290. Dígaselo a un papá.

DANDINI
Ma silenzio.

291. Silencio.

MAGNIFICO
Si sa, via, dica presto.

292. Lo sé, vamos, dígamelo rápido.

DANDINI
Non ci ode alcuno?

293. ¿Nadie nos oye?

MAGNIFICO
In aria non si vede una mosca.

294. No se ve ni una mosca en el aire.

DANDINI
E un certo arcano
che farà sbalordir.

295. Hay un cierto misterio
que te dejará estupefacto.

MAGNIFICO
Sto sulle spine.

296. Estoy sobre espinas.

DANDINI
Poniamoci a sedere.

(*Trae una silla.*)
297. Sentémonos.

MAGNIFICO
Presto, per carità.

298. Rápido, por caridad.

DANDINI
Voi sentirete
un caso assai bizzarro.

299. Vas a escuchar
un caso fantástico.

MAGNIFICO
(Che volesse maritarsi con me?)

300. (¿Qué querrá casarse conmigo?)

DANDINI
Mi raccomando.

301. Por favor, escucha.

MAGNIFICO
Ma si lasci servir.

302. A su servicio.

DANDINI
Sia sigillato
Quanto ora udrete dalla boca mía.

303. Que quede en secreto
Lo que vas a oír de mi boca.

MAGNIFICO
Io tengo in corpo
una segreteria...

304. Tengo la cualidad de saber
guardar secretos...

DANDINI
Un segreto d'importanza,
un arcano interessante
io vi devo palesar
è una cosa stravagante,
vi fara strasecolar.

305. Un secreto de importancia
un misterio interesante
yo debo revelarte
es una cosa extravagante,
que te va a sorprender.

MAGNIFICO
Senza battere le ciglia
senza manco trarre il fiato
io mi pongo ad ascoltar,
starò qui pietrificato
ogni sillaba a contar.

306. Sin parpadear y
sin tomar respiración
yo me pongo a escuchar,
estaré aquí petrificado
contando cada sílaba...

DANDINI
Uomo saggio e stagionato
sempre meglio ci consiglia
se sposassi una sua figlia
come mai l'ho da trattar?

307. ¿El hombre sabio y maduro
puede ofrecer el mejor consejo
si me casara con una de tus hijas
como debo tratarla?

MAGNIFICO
(Consigliar son già stampato.)
Ma che eccesso di clemenza!
mi stia dunque sua Eccellenza...
Bestia, Altezza ad ascoltar
Abbia sempre pronti in sala
trenta servi in piena gala,
cento sedici cavalli,
duchi, conti e marescialli
a dozzine convitati,
pranzi sempre coi gelati
poi carrozze e poi bombè.

308. (Ahora soy consejero.)
¡Pero qué exceso de clemencia!
Entonces escúcheme su Excelencia
Bestia, su Alteza...
Siempre habrá listos en la sala
treinta sirvientes vestidos de gala,
ciento sesenta caballos,
duques, condes, y mariscales
docenas de invitados,
siempre viandas con hielo
luego carrozas y lacayos.

DANDINI

Vi rispondi senza arcani
che noi siamo assai lontani.
Io non uso far de' pranzi
mangio sempre degli avanzi
non m'accosto a' gran signori,
tratto sempre servitori,
me ne vado sempre a pié.

MAGNIFICO

Non corbella?

DANDINI

Gliel prometto.

MAGNIFICO

Questo... dunque?

DANDINI

E un romanzetto,
è una burla il principato
sono un uomo mascherato,
ma venuto è il vero principe
m'ha strappata alfin la maschera.
Io ritorno al mio mestiere;
son Dandini il cameriere
rifar letti, spazzar abiti
far la barba, e pettinar.

MAGNIFICO

Far la barba e pettinar?
Di questa ingiuria, di quest'affronto
il vero príncipe mi renda conto.

DANDINI

Oh, non s'incomodi
non farà niente;
ma parta subito,
immantinente.

MAGNIFICO

Non partirò.

309. Te respondo sin misterios
ya que estarnos lejos de ellos.
No acostumbro dar comidas,
siempre como de lo que sobra,
no me acerco a los grandes señores,
siempre trato con sirvientes
siempre viajo a pie.

310. ¿Estás bromeando?

311. Te juro que no.

312. ¿Entonces... esto?

313. Es una broma pesada,
es una burla el principado
soy un hombre disfrazado
pero el verdadero príncipe ha
llegado y me ha arrancado la más cara.
Yo retorno a mi trabajo;
soy Dandini el camarero
tender camas, cepillar trajes
hacer la barba y el peinado.

314. ¿Hacer la barba y el peinado?
De ésta injuria, de ésta afrenta
el verdadero príncipe me dará cuenta.

315. Oh, no se incomode
no hará nada;
pero parta rápido,
inmediatamente.

316. No partiré.

DANDINI
Leí partirà.

317. Usted partirá.

MAGNIFICO
Sono un Barone.

318. Soy un Barón.

DANDINI
Pronto è il bastone

319. Rápido, el bastón.

MAGNIFICO
Ci rivedremo.

320. Ya lo veremos.

DANDINI
Ci rivederemo.

321. Ya lo veremos.

MAGNIFICO
Ci parleremo.

322. Ya hablaremos.

DANDINI
Ci parleremo.

323. Ya hablaremos.

MAGNIFICO
Tengo nel cerebro
un contrabbasso
che basso basso
frullando va.
Da cima a fondo
poter del mondo!
Che scivolata,
che gran cascata!
Eccolo, eccolo,
tutti diranno
mi burleranno
per la città.

324. ¡Tengo en el cerebro
un contrabajo
que bajo, bajo
sonando va.
¡De la cima al fondo
del poder del mundo!
¡Qué avalancha
qué gran cascada!
Ahí está, ahí está,
todos dirán
de mí se burlarán
por la ciudad.

DANDINI
Povero diavolo!
È un gran sconquasso
che d'alto in basso
piombar lo fa.

325. ¡Pobre diablo!
Es un gran payaso
que de lo alto a lo bajo
se deja caer.

DANDINI *(continuato)*

Vostr'Eccellenza	Vuestra Excelencia
abbia prudenza;	sea prudente
se vuol rasoio,	si quiere rasurarse,
sapone, e pettine,	jabón y peine,
saprò arricciarla,	sabré rizarlo,
sbarbificarla.	y rasurarlo.
Ah, ah, guardatelo,	Ja, ja, mírenlo,
l'allocco è là.	ahí está el mentecato.

Parte.

ESCENA V.

Una sala con chimenea en el castillo de Don Magnifico.
Cenerentola nuevamente en harapos.

CENERENTOLA

Una volta c'era un Re	326. Había una vez un rey
che a star solo s'annoiò;	que de estar solo se aburrió buscó,
cerca, cerca, ritrovò;	buscó y encontró
Ma il volean sposare in tre.	pero querían casarlo con tres.
Cosa fa?	¿Qué cosa hizo?
Sprezza il fasto e la beltà	Desprecia la pompa y la belleza
e alla fin sceglie per sé,	y al fin escoge para sí,
l'innocenza e la bontà.	la inocencia y la bondad.

Mira al brazalete que le quedó.

Quanto sei caro!	¡Cuánto te quiero!
E quello cui dato ho il tuo compagnò	Y aquel a quien di tu compañero
e più caro di te.	es más querido que tú.
Qual rumore, ah, chi vedo!	¡Cuánto ruido, ah, qué veo!
Che ceffi! Di ritorno!	¡Ya regresan!
Non credea che tornasse avanti giorno.	No creí que regresaran antes del amanecer.

ESCENA VI.

Don Magnifico, Clorinda, Tisbe y Cenerentola.

CLORINDA
Ma ve l'avevo detto...

(Entrando y señalando a Cenerentola.)
327. Pero te he dicho...

MAGNIFICO
Ma, cospetto, cospetto!
Similissime sono affatto, affatto
quella è l'original, questa è il ritratto.
Hai fatto tutto?

328. ¡Gran Dios, gran Dios!
Pero si son igualitas,
aquella es el original, ésta es el retrato.
¿Has hecho todo?

CENERENTOLA
Tutto. Perché quel ceffo brutto
voi mi fate cosi?

329. Todo. ¿Por qué me miran
de tan mala manera?

MAGNIFICO
Perche; perché... per una certa
strega che rassomiglia a te.

330. Porque, porque... por una bruja
que se parece a ti.

CLORINDA
Su le tue spalle
quasi mi sfogherei.

331. Me desahogaré
sobre tu espalda.

CENERENTOLA
Povere spalle mie!
Cosa ci hanno che far?

332. ¡Pobre espalda mía!
¿Qué tengo qué hacer?

Se inicia una tormenta, con rayos y truenos.
Se escucha la llegada de un carruaje.

TISBE
Oh, fa mal tempo
minaccia un temporale.

333. Oh, hace mal tiempo
amenaza un temporal.

MAGNIFICO
Altro che temporale!
Un fulmine vorrei
che incenerisse il camerier.

334. ¡Otro temporal!
Quisiera que un rayo convirtiera
en cenizas al camarero.

CENERENTOLA
Ma dite,
cosa è accaduto?
Qualche segreta pena?

335. ¿Pero díganme,
qué cosa les ha pasado?
¿Cuál es la secreta pena?

MAGNIFICO

Sciocca, và là;
va 'a preparar la cena.

                                     (Con violencia.)

336.   Tonta, vete de aquí;
        a preparar la cena.

CENERENTOLA

Vado, si vado.
(Ah, che cattivo umore!
Ah, lo scudiere mio mi sta nel core.)

337.   Si ya voy, ya voy.
        (Ah, qué mal humor!
        Ah, mi caballerango, está en mi corazón.)

Parte.
Llega la tormenta.

ESCENA VII.

Don Magnifico, Clorinda, Tisbe, luego Ramiro como Príncipe y Dandini.

DANDINI

Scusate amico;
la carrozza del príncipe ribaltò...
Ma chi vedo?

338.   Disculpen amigos,
        la carroza del Príncipe
        se volcó... ¿Pero a quién veo?

MAGNIFICO

Ah, siete voi!
Ma il principe, dov'è?

339.   ¡Ah, eres tú!
        ¿Pero en donde está el Príncipe?

DANDINI

Lo conoscete?

                                 (Señalando a Ramiro.)

340.   ¿Lo conoce?

MAGNIFICO

Lo scudiero! Oh guardate...

341.   ¡El caballerango! Oh, mírenlo...

RAMIRO

Signore, perdonate
se una combinazione...

342.   Señor, perdone
        si por casualidad...

MAGNIFICO

Che dice? Si figuri, mio padrone.

343.   ¿Qué dice? Figúrense, mi señor.

Eh, non senza perché venuto
è qua, la sposa, figlie mie,
fra voi sarà!
Ehi, presto Cenerentola,
porta la sedia nobile.

        (A las hijas.)
        ¡È qua él no ha venido nada más porque
        será sí; su esposa, hijas mías estará
        entre ustedes!
        Eh, rápido Cenerentola,
        trae la silla de la nobleza.

RAMIRO
No, no, pochi minuti;
altra carrozza pronta ritornerà.

344. No, no, pocos minutos;
otra carroza pronto llegará.

MAGNIFICO
Ma che? Gli pare?

345. ¿Pero, tiene que irse tan pronto?

CLORINDA
Ti sbriga, Cenerentola.

346. Apresúrate, Cenerentola.

ESCENA VIII.

Entra Cenerentola, trae una silla a Dandini a quién aún cree que es el príncipe.

CENERENTOLA
Son qui.

347. Aquí estoy.

MAGNIFICO
Dalla al Principe, bestia, eccolo lì.

348. Dásela al Príncipe, bestia allí está.

CENERENTOLA

Questo... ah... che vedo! Principe!

349. *(Reconoce al Principe en Ramiro, se cubre el rostro con las manos y se aleja corriendo.)*
¡Esté... que veo! ¡Es el Príncipe!

RAMIRO
T'arresta... Che! Lo smaniglio!
È lei; che gioia è questa!

350. ¡Detente!... ¿Qué? ¡El brazalete!
¡Es ella, qué alegría es ésta!

RAMIRO
Siete voi?

351. ¿Eres tú?

CENERENTOLA
Voi prence siete?

352. *(Mirando al Príncipe)*
¿Eres tú un Príncipe?

TISBE, CLORINDA
Qual sorpresa!

353. ¡Qué sorpresa!

DANDINI
Il caso è bello.

354. El caso es bello.

MAGNIFICO
Ma...

355. *(Tratando de atraer la atención de Ramiro.)*
Pero...

RAMIRO
Tacete.

356. Calla.

MAGNIFICO
Addio, cervello... Se...

357. Adiós cordura... Si...

RAMIRO, DANDINI
Silenzio.

358. Silencio.

TODOS
Che sarà!
Questo è un nodo avviluppato
questo è un gruppo rintrecciato,
chi sviluppa più inviluppa;
chi più sgruppa, più raggruppa,
ed intanto la mía testa
vola, vola, e poi s'arresta,
vo tenton per l'aria oscura,
e comincio a delirar.

359. ¡Qué va a pasar!
Éste es un nudo apretado
es un grupo intrincado
quién trate de desenredarlo
lo aprieta más,
y mientras tanto mi cabeza
vuela, vuela y después se detiene,
voy a tientas en la obscuridad
y comienzo a delirar.

CLORINDA
Donna sciocca, alma di fango,
cosa cerchi? Che pretendi?
Fra noi gente d'alto rango
l'arrestarsi è incivilità.

360. ¿Mujer tonta, alma de fango,
qué buscas? ¿Qué pretendes?
¿Con tus feas maneras entre
nosotros gente de alcurnia?

MAGNIFICO
Serva audace, e chi t'insegna
Di star qui fra tanti eroi?
Va' in cucina, serva indegna,
non tornar mai più di qua.

361. ¿Sierva audaz, y quién te enseña
a estar entre nosotros?
Vete a la cocina sierva indigna
y no vuelvas más aquí.

RAMIRO
Alme vili, invan tentate
d'insultar colei che adoro
alme vili, paventate;
il mio fulmine cadrá.

362. Almas viles, en vano intentaron
insultar a la que adoro
almas viles; mi furia caerá
sobre ustedes.

DANDINI
Già sapea, che la commedia
si cangiava al second'atto
ecco aperta la tragedia
me la godo in verità.

363. Ya sabía que la comedia
cambiaría en el segundo acto
ahora comienza la tragedia
en verdad, la gozaré.

CLORINDA, TISBE
Son di gelo.

364. Estoy helada.

MAGNIFICO
Son di stucco.

365. Estoy petrificado.

DANDINI
Diventato è un mamalucco.

366. Él se ha transformado en un mameluco.

MAGNIFICO, CLORINDA, DANDINI
Ma una serva...

367. Pero una sirvienta...

RAMIRO
Olà tacete!
L'ira mia più fren non ha.

368. ¡Silencio!
La ira mía ya no tiene freno.

CENERENTOLA
Ah signor, s'è ver che in petto
qualche amor per me serbate,
compatite, perdonate
e trionfi la bontà.

369. Oh señor, si es verdad que
en su pecho reserva para mi algo
de amor, perdonadlos
y que triunfe la bondad.

DANDINI
Quelle lagrime, mirate;
qual candore, qual bontà!

370. ¡Mira esas lágrimas;
qué candor y cuánta bondad!

CLORINDA, TISBE, MAGNIFICO
Ah, ipocrita! Guardate!
Oh che bile che mi fa!

371. ¡Qué hipócrita! ¡Solo mírala!
¡Que bilis me hace hacer!

MAGNIFICO
Ma in somma delle somme
Altezza, cosa vuele?

372. ¿Pero al fin de cuentas
Alteza, qué es lo que deseas?

RAMIRO
Piano, non più parole;
questa sarà mi sposa.

373. Silencio, no más palabras;
ésta será mi esposa.

CLORINDA, TISBE
Ah, ah! Dirà per ridere.

374. ¡Ja, ja! Lo dice para reírse.

CLORINDA, TISBE, MAGNIFICO
Non vedi che ti burlano?

(A Cenerentola)
375. ¿No ves que se burla de ti?

RAMIRO
Lo giuro, mia sarà.

376. Lo juro, será mía.

MAGNIFICO

Ma fra i rampolli miei,
mi par che a creder mio...

377. Pero de mis hijas,
a mi modo de ver...

RAMIRO

Per loro non son io
ho l'anima plebea,
ho l'aria dozzinale.

378. Yo no soy para ellas
tengo alma plebeya,
tengo un aspecto común.

DANDINI

Alfine sul bracciale
ecco il pallon tornò
e il giocator maestro
in aria il ribalzò.

379. Al fin el brazalete
volvió a su brazo
y el maestro jugador
la atrapó en el aire.

RAMIRO

Vieni a regnar; l'impongo.

(A Cenerentola)
380. Ven a reinar, te lo ordeno.

CENERENTOLA

Su questa mano almeno
e prima a questo seno...

381. En ésta mano al menos
y primero a mi pecho...

*Intenta besar a Don Magnifico y de abrazar a las hermanas,
pero es rechazada con violencia.*

MAGNIFICO

Ti scosta!

382. ¡Quítate!

CLORINDA, TISBE

Ti allontana!

383. ¡Aléjate!

RAMIRO

Perfida gente insana!
Io vi farò tremar.

384. ¡Pérfida gente insana!
Yo los haré temblar.

CENERENTOLA

Dove son! Che incanto è questo?
Io felice, oh quale evento!
È un inganno? Ah, se mi desto,
che improvviso cangiamento!
Sta in tempesta il mio cervello
posso appena respirar.

385. ¿En dónde estoy? ¿Qué encanto es este?
¡Estoy feliz, qué evento!
¿Es un engaño? ¡Si me despierto,
qué cambio tan imprevisto!
Hay una tempestad en mi cerebro
apenas puedo respirar.

LOS OTROS
Quello brontola e borbotta
questo strepita e s'adira
quello freme, questo fiotta,
chi minnacia, chi sospira
va a finir che á pazzarelli
ci dovranno trascinar.

RAMIRO, DANDINI
Vieni, vieni, amor ti guida
a regnar, e a trionfar.

386. Aquel, gruñe y se queja
éste grita y se enfurece
ese tiembla y gimotea,
quién amenaza, quien suspira
y para terminar todos nosotros
vamos a enfermar.

387. Ven, ven, el amor te guía
a reinar, a triunfar.

Ramiro se lleva a Cenerentola seguido por Dandini y Don Magnifico.

ALIDORO
Giusto ciel! Ti ringrazio!
I voti miei non han più che sperar.
L'orgoglio è oppresso,
sarà felice il caro alunno.
In trono trionfa la bontà.

388. ¡Justo cielo! ¡Te doy gracias!
Mis deseos no tienen nada más qué esperar.
El orgullo ha sido reprimido,
el querido alumno será feliz.
En el trono triunfa la bondad.

ULTIMA ESCENA.
La sala del trono en el palacio de Don Ramiro.
Ramiro, Cenerentola, Dandini, cortesanos, Magnifico, Alidoro, Clorinda, y Tisbe.

CORO
Della Fortuna istabile la revolubil
ruota mentre ne giunge al vertice,
per te s'arresta immota,
cadde l'orgoglio in polvere
e trionfa la bontà.

389. De la fortuna inestable,
la rueda llega al vértice
y se detiene por ti.
El orgullo se hunde en el polvo
y triunfa la bondad.

RAMIRO
Sposa...

(Toma a Cenerentola por el brazo.)
390. Esposa...

CENERENTOLA
Signor, perdona
la tenera incertezza
che mi confonde ancor.
Poc'anzi il sai,
fra la cenero immonda
ed or sul trono...
e u serto mi circonda.

391. Señor perdona
la tierna incertidumbre
que aún me confunde.
Hace poco estaba
entre la ceniza inmunda
y ahora en el trono...
una corona ciño.

MAGNIFICO

Altezza... a voi si prostro...

392.
(Corre y se arrodilla ante Cenerentola)
Alteza... ante vos me postro...

CENERENTOLA

Né m'udrò mai chiamar la figlia vostra?

393.
¿Nunca escucharé que me llames hija?

RAMIRO

Quelle orgogliose...

394.
(A las hermanas.)
Esas orgullosas...

CENERENTOLA

Ah, prence,
io cado ai vostri piè.
Le antiche ingiurie
mi svanir dalla mente,
Sul trono io salgo, e voglio
starvi maggior del trono
e sarà mia vendetta il lor perdono.
Nacqui all affanno, al pianto
soffri tacendo il core;
ma per soave incanto
dell'eta mia nel fiore,
come un baleno rapido
la sorte mía cangiò.

¿No, no, tergete il ciglio,
perché tremar, perché?
A questo sen volate;
figlia, sorella, amica,
tutto trovate in me.

395.
Ah, Príncipe,
yo caigo a vuestros pies.
Las pasadas injurias
se me desvanecen de la mente,
Asciendo al trono y deseo
ser más grande que el trono
y mi venganza será el perdón para ellos.
Nací para las penas y el llanto
sufrí con el corazón callado;
pero por un suave encantamiento
en la flor de mi edad
como un destello rápido,
la suerte mía cambió.

(A Don Magnifico y sus hijas.)
¿No, no, sequen sus ojos,
porqué temblar, por qué?
Vuelen a mi seno;
hija, hermana, amiga,
todo encontrarán en mí.

TODOS

M'intenerisce e m'agita
è un Nume agli occhi miei
degna del tron tu sei,
ma è un poco un trono a te.

396.
Me enternece y me agita
es una diosa ante mis ojos
eres digna del trono,
pero un trono es poco para ti.

CENERENTOLA

Padre... Sposo... Amico...
Oh istante!
Non più mesta accanto al fuoco
starò sola a gorgheggiar.
Ah fu un lampo, un sogno,
un giuoco il mio lungo palpitar.

CORO

Tutto cangia a poco a poco
cessa alfin di sospirar.

397. Padre... Esposo... Amigo...
¡Oh, qué momento!
No más tristeza al lado del fuego,
solo estaré para cantar.
Fue un relámpago, un sueño,
un juego mi largo palpitar.

398. Todo cambia poco a poco
y al fin deja de suspirar.

FIN

Biografia de Giacchino Rossini

Giacchino Antonio Rossini, nació en Pesaro Italia un pequeño pueblo situado en la costa del Adriático italiano, el 29 de Febrero de 1722. Su padre Giuseppe Rossini, trombettista y su madre Anna Guidarini una cantante. A los 6 años, el pequeño Gioachino ya tocaba en la orquesta de su padre.

Estudió composición en el Liceo Musical de Bolonia y fue influenciado por la música de Mozart y Haydn. A los 16 años de edad ganó el premio del Conservatorio de Bolonia por su Cantata "*Il pianto d´armonia per la morte d Órfeo.*"

En sus 76 años de vida compuso 37 óperas, siete obras religiosas, dieciséis cantatas y cinco himnos.

Su primera ópera fue *La Cambiale di Matrimonio* escrita en Venecia a los 18 años de edad en 1740.

Entre 1810 y 1813 escribió varias obras en Bolonia, Roma, Venecia y Milán, siendo la más famosa, *Tancredi*. Fue en Roma en donde escribió su ópera más famosa, *El Barbero de Sevilla*, basada en la Trilogía del Barón Piérre Augustin de Beaumarchais.

En 1815, fue nombrado director de los Teatros San Carlo y Del Fondo en Nápoles su sueldo mensual era de 200 ducados mensuales más 1000 ducados cada año. Entre éste año y el de 1823, Rossini escribió 20 óperas, siendo *Otello* la más famosa.

En 1831, abandonó la composición y después en 1842 escribió el *Stabat Mater* y la *Pequeña Misa Solemne*. Fue un personaje muy popular y siempre figuró dentro de las personalidades del mundo de la ópera.

En 1822, celebró su matrimonio en Castenaso con Isabel Cobran, famosa cantante de ópera, y se separaron en 1837. En 1846, Rossini se casó con Olympe Pelissier.

El 13 de Noviembre de 1868, Rossini murió rodeado de amigos en Passy cerca de Paris y fue enterrado en el Cementerio de Pére-Lachaise en Paris. En 1887 restos fueron trasladados a Florencia y descansan para siempre en la Basílica de la Santa Croce.

Torso de sus óperas son:

Tancredi

L'Ítaliana in Algeri

Il Turco en Italia

Elizabetta Regina d Ínghilterra

Il Moro di Venezzia

La Cenerentola

La Gazza Ladra

Mose in Egitto

La Donna del Lago

Semiramide

Guillermo Tell

... y 23 mas.

Acerca de Estas Traducciones

El Dr. Eduardo Enrique Prado Alcalá nació en 1937 en el norte de México, estudió la carrera de medicina y se especializó en cáncer ginecológico y cáncer de mama.

Ejerció su carrera durante 40 años y finalmente llegó a la edad del retiro.

Desde la edad de 42 años, se hizo aficionado a la ópera y a la música clásica y formó parte de un grupo de amigos aficionados a estas disciplinas. Tuvo la oportunidad de asistir a funciones operísticas en la Ciudad de México, en Guadalajara México, en Toluca México, en Mazatlán México, en Seattle, en Madrid y en Londres. Organizó en la Ciudad de Mazatlán tres conciertos de música clásica, uno de ellos en la catedral.

Jugum Press y Ópera en Español

Prensa publica estas traducciones de ópera por Dr. E.Enrique Prado:

Vincenzo Bellini:
Norma

Georges Bizet:
Carmen

Gaetano Donizetti:
Anna Bolena, Don Pasquale, Lucia di Lammermoor, Lucrezia Borgia

Ruggero Leoncavallo:
I Pagliacci

Pietro Mascagni:
Cavalleria Rusticana

Wolfgang Amadeus Mozart:
Die Zauberflöte, Don Giovanni, Le Nozze di Figaro

Giacomo Puccini:
La Boheme, La Fanciulla del West, Madama Butterfly, Manon Lescaut, Tosca
El Tríptico: Gianni Schicchi, Suor Angelica, Il Tabarro

Giacchino Rossini:
Il Barbiere Di Siviglia, La Cenerentola

Giuseppe Verdi:
Aida, Un Ballo in Maschera, Don Carlo, Ernani, Falstaff, La Forza del Destino, I Lombardi, Macbeth, Nabucco, Otello, Rigoletto, Simon Boccanegra, La Traviata, Il Trovatore

Para información y disponibilidad, por favor vea
www.operaenespanol.com
Correo: JugumPress@outlook.com
Síganos en Twitter: @jugumpress
Regístrate para nuestras noticias: http://eepurl.com/5m7tj

www.ingramcontent.com/pod-product-compliance
Lightning Source LLC
Chambersburg PA
CBHW081301040426

42452CB00014B/2600